비나리

비나리

초판 1쇄 인쇄 2012년 10월 18일
초판 1쇄 발행 2012년 10월 23일

지은이 | 정용만
펴낸이 | 金泰奉
펴낸곳 | 도서출판 띠앗
등 록 | 제4-414호

편 집 | 박창서, 김주영, 김수정, 이혜정
마케팅 | 김영길, 김명준
홍 보 | 김태일

주 소 | (우143-200) 서울시 광진구 구의동 243-22
전 화 | (02)454-0492(代)
팩 스 | (02)454-0493
이메일 ddiat@ddiat.co.kr
홈페이지 www.ddiat.co.kr

값 7,000원
ISBN 978-89-5854-091-5 (03810)

비나리

정용만 지음

도서출판 띠앗

시작하면서

삶의 본연의 모습은 자연스러움입니다. 이는 자연 속에 동화되어 살아가는 삶을 의미하기도 하고 억지로 하지 않는 편안한 삶을 의미하기도 합니다. 어색함이 없이 누구나 있는 그대로 받아들이는 것입니다. 생각하지 않고 분석하지 않으며 이해관계를 떠나는 것입니다. 자연의 일부임을 거부하지 않는 것이 참다운 삶인 것입니다.

이런 자연스러움을 영위하는 세계가 시의 세계라고 봅니다. 자연스럽지 못한 시는 시답지 못합니다. 모든 예술 분야는 자연스럽게 표현하는 것이 궁극적 목표입니다.

도시 아스팔트 길보다는 꾸불꾸불하고 울퉁불퉁한 거친 시골 흙길이 자연스럽습니다. 콘크리트 상자 속에서 정형화된 틀에 맞춘 시를 찾는다면 이미 시의 세계에서 떠난 것입니다.

자연의 흙에서 시는 살아야 합니다. 씨앗에서 싹이 나고 꽃을 피워 열매를 맺게 되는 자연스러움은 흙에서 시작해서 흙에서 끝납니다. 흙과 예술은 통합니다. 흙과 자연은 통합니다. 예술은 자연입니다. 시도 자연입니다. 시인은 자연 속에서 상쾌함을 느끼는 것입니다. 자연 속에서 마음껏 뛰어노는 것입니다. 사계절과 동행합니다. 본래의 고향으로 돌아가는 것입니다.

지금 우리에게는 흙이 필요한지 모릅니다. 생명력이 소진되어 버린 억울한 삶에서 벗어나는 길은 자연의 흙에서 생명을 느끼면서 시를 키우는 것이라고 봅니다.

시는 언제나 한 폭의 그림입니다. 눈앞에만 펼쳐지는 게 아니라 새소리, 개구리 소리 들리고 과일향기, 꽃내음이 감돌아야 합니다. 그리고는 가슴 한켠이 저릿하고 뭔지 모를 감동으로 읽는 이를 숙연하게 만들어야 합니다.

시에는 자연이 있고 우리 어머니, 아버지의 삶이 너무나 진솔하게 녹아 있기 때문입니다. 때로는 친구의 이야기처럼, 때로는 덤덤한 일기처럼 흘러가는 시를 쓰다 보면 이제는 돌아갈 수 없는 어린 시절 고향과 못다 한 부모와의 정이 떠오릅니다.

시는 전혀 시 같지 않은 사소한 곳에서 싹트는 경우가 많습니다. 아무 일도 아니라는 듯 시치미를 떼고 지나가곤 합니다. 책상 앞에서 펜과 백지를 준비하고 분위기 잡고 시를 쓰려고 할 때도 시는 써지지 않습니다. 시는 상식이 아니라 몸속 깊이 숨겨진 내면을 꺼내는 일이고, 거기서 자신이 알지 못하는 다른 나를 만나는 길이기 때문입니다.

시적 영감은 대체로 휴식의 순간에 찾아옵니다. 길을 나서면 애써 무얼 해야겠다는 생각과 의무로부터 해방됩니다. 생각 없이 눈에 닿는 대로 시선을 던지게 됩니다. 방심 상태가 됩니다. 휴식과 방심은 내면을 억압하지 않기 때문에 직관적, 창조적인 사유가 잘 흘러나오도록 유도를 하는 것입니다. 흔히 시에는 형식과 내용을 두루 갖춰야 한다고 합니다. 주제, 운율, 심상, 함축, 비유, 상징 등입니다. 운율의 가락 속에 나머지 모두 고스란히 녹아 있어야 한다고 합니다.

너무 어렵습니다. 이런 것을 생각하다 보면 시와 담을 쌓아야 할지 모릅니다. 자연스럽게 형식적인 내용을 담아내면 최고가 되겠지만 최고가 아니라도 읽는 이에게 작은 떨림의 느낌만 준다면 그것으로 만족하면 되는 것입니다.

독자가 이해할 수 없는 어려운 시, 그런 애매모호한 시는 아무런 감동을 줄 수 없습니다. 그래서 사람들은 시가 어렵다고 합니다. 그건 학교에서 단어마다 줄을 긋고 다 해체하며 어렵게 가르쳐서 그렇습니다.

시는 느낌으로 이해하면 됩니다. 시는 이과와 문과를 융합한 것입니다. 시를 이해하면 세상의 이치를 빨리 이해하게 됩니다. 그래서 학생이든 예술가든 기업하는 사람이든 정치하는 사람이든 시는 모두에게 소중한 것입니다. 시에 대한 전문적 식견이 없다 보니 요즘 우리 주변의 시들이 난해하다는 느낌이 들기도 합니다. 시가 난해해지면 일종의 시에 대한 자해 현상이라고 봅니다. 시는 메시지와 감동을 통해 인간의 삶을 가치 있는 것으로 향상시키는 데 기여해야 한다고 봅니다. 시가 어렵게 되어 버리면 이런 기본적인 윤리성마저 저버리게 되는 것입니다. 시는 마치 노래처럼 들렸으면 좋겠습니다. 가만히 읽기만 해도 위로가 되는 시가 되었으면 좋겠습니다.

시는 사람들의 아픈 구석을 어루만집니다. 이를테면 누군가를 만나면 그 사람의 아픔부터 눈에 들어오는 사람이 시인입니다. 사람들의 마음을 매만지면서 사람들의 병든 마음을 낫게 합니다. 아니 사람들의 아픔과 함께합니다. 너와 나의 아픔을 자꾸 토닥거리는 것입니다. 시는 제작하는 게 아니라 태어나는 것입니다. 주체할 수 없이 시가 쏟아지는 때가 있는가 하면 잠잠할 때도 있습니다. 시는 오는 것이지 찾아가는 것이 아닌 것입니다. 세상에는 시만큼 쓸모없는 일도 드물지만 시만큼 절박한 일도 없는 것입니다.

자연 속에 살다 보면 하나를 보면 열을 알게 되는 것입니다. 지금 우리나라는 자연과의 격리 속에서 모든 사람에게 공부를 너무 많이 하게 합니다. 그런데도 진짜로 알아야 하는 것은 별로 없는 것 같습니다. 몰라도 되는 것은 많이 알고 있고, 하나를 알아서 하나만 쓰면 100점을 맞는 공부를 합니다. 하나만 쓰는 교육은 사람을 멍청하게 합니다. 외통수 교육으로 사고를 가로막아 버리니 애들이 극단적이 되고 겁나는 일을 함부로 해버리는 것입니다.

어릴 때부터 공부만 했지 노는 법을 배운 적이 없습니다. 노는 법을 배워야 합니다. 놀 줄 모르면 살 줄도 모릅니다. 논다는 것은 상대가 있는 것이고, 공부는 그저 대상일 뿐입니다. 상대가 있다는 것은 나를 상대에 맞춰야 한다는 것입니다. 하지만 공부는 안 해도 되는 대상일 뿐입니다. 공부는 조금 적게 하고 자연 속에서 생활하는 시간을 많이 가졌으면 좋겠습니다.

시집을 '비나리'로 하였습니다. 비나리의 의미는 사전적으로 사물의 가락 위에 축원과 고사, 덕담의 내용을 담은 노래를 얹어 부르는 것으로 '빌다', '비나이다'의 명사형으로 어떤 절대자에게 소원하는 바를 비는 행위를 나타내며 우리 민족 고유의 신앙행위를 말하는 것입니다.

즉, 비나리는 고사 소리이며 고사 소리는 흔히 고사반, 고사덕담이라고 하는 별도의 이름이 있습니다. 하지만 비나리라고 하는 것이 순 우리말이고 소리의 성격을 뚜렷하게 보여주어서 비나리라고 많이 불리고 있습니다. 또 하나의 의미로 '비우다'의 뜻으로 해석을 하고 싶습니다. 마음을 비우고 자연스럽게 받아들이는 자유인이 되길 희망합니다.

실제 비나리 소리를 들어 보면 가슴속 깊은 곳에서 울림이 시작되는 것을 느낄 수 있습니다. 온 몸이 저려 옵니다. 이런 비나리 소리를 하시는 분이 풍물 사물놀이를 만드신 이광수 선생님이십니다. 이광수 선생님으로부터 비나리를 배울 수 있었다는 것에 무궁한 영광으로 생각하며 감사드립니다.

- 정용만

차례

1부 心眼

2부 靈眼

1부

心眼

자연의 품속

자연의 품속에서 꿈꾸고
자연의 품속에서 살다가
자연의 품속으로 사라진다

거부하면 다가가고 싶다
미워하면 사랑하고 싶다
눈물 흘리면 그 눈물 마시고 싶다

삶의 시작이었고
삶의 마당이었다
영원한 연인이었다

산행

오라 하는 손짓 없고
가라 하는 눈짓 없네

발길 닿는 대로 걸어도
반겨주는 주인도 없네

밉다 하여 가라 하지 않고
곱다 하여 오라 하지 않네

깊은 밤

어둠의 손님은 언제나 가슴 설레게 한다
밤이 깊어지면 깊어질수록 마음 더욱 설레인다
님을 찾은 연인마냥 설레임에 가슴 적시운다
차가운 밤바람이 창가에 기웃거린다
나도 따라 창가에 머문다
마주 보며 다정히 눈웃음 짓지만 아쉬움의 이별을 예고한다
떠나야 하는 쓰라린 마음 묻어두고 돌아서서 눈물 적시운다
깊어 가는 밤의 고요함이 허전함을 더해 준다
외로운 이슬은 차곡차곡 쌓여간다
그리운 님의 향기를 간직하고자 아무 생각 없이 눈을 감는다
느낌으로 전해오는 님의 발자국 소리는 서서히 멀어져 간다

희망 사항

살다 보면 눈물도 있고 웃음도 있다
살다 보면 아쉬움도 있고 기쁨도 있다
즐겁다가도 슬픔이 겹쳐지기도 한다
애써 살아보지만 결과는 늘 그렇다
지난 일을 되돌아보고 싶지 않지만
언제나 뒤돌아보면서 허전함을 느낀다

이 자리가 진실로 나의 자리임을 느끼고 싶다
머물다 떠나는 새의 둥지가 아니라
두고두고 채워 가는 삶의 자리가 되고 싶다
지나온 발자국에 부끄럽지 않기를 바란다
돌아가는 시계바늘에 눈길 주고 싶지 않다
지금 이 자리가 최고의 행복이고 싶다

아픈 청춘

청춘은 아름답지 않다
청춘의 추억이 아름다울 뿐이다
피눈물 나는 고통의 역사가
청춘을 아름답게 만든다

힘찬 봉황의 날개 위에
우리들의 꿈이 펼쳐진다
뜨거운 목마름으로 뿌린 씨앗이
운명의 줄기를 바꾼다

낙원을 그리며 미래를 노래하자
자유와 희망, 빛나는 삶을 위하여…
우리가 바쳐야 할 시간은 소중하다
내일의 태양을 만들어야 한다

공부하는 숨소리에 귀가 멀어도
들려오는 메아리는 찬란하리라
어둠이 어둠이 아니라
어둠이 밝음이 되어야 한다

온몸으로 부딪히자
미칠 것 같은 열정으로
고난의 언덕을 헤쳐 나가자
저 높은 고지에 우뚝 설 때까지

네가 꿈꾼 이상이 네 가슴에 밀려올 때
네 자신을 진정으로 사랑하자
아낌없는 맑은 우물이 되어
세상을 향해 끊임없이 두레박질하자

나의 부처

관세음보살도
보현보살도
지장보살도
문수보살도
더욱이 석가모니도

나의 부처는 아니지요

허리 굽은 어머니의 어머니
주름진 아버지의 아버지
웃음 짓는 아들의 아들
마주 보며 살아가는 이웃의 이웃
생명을 나누는 자연의 자연
하늘과 땅 그 모든 것이

나의 부처이지요

그리움

새벽바람 차가운데
오실 때 걸음걸음
이 마음 밟아주오

어두운 밤 지새우며
고운 단장 지워질까
홀로 앉아 있었네

외로운 저 달님과
함께한 눈물이
바다 가득 넘치네

어느 별과의 이별

꿈이 하나 사라졌습니다
아폴론의 막내둥이는 떠났습니다
더 이상 찾지 않아도 됩니다
찬란했던 하나의 푸른 별이었습니다
우주의 끝을 밝히는 외로운 별이었습니다
더 이상 멀어질 수 없는 그곳에서
마지막 생명의 불꽃을 피웠습니다
우주의 막내를 찾아 밤하늘을 바라보는
아이들의 눈망울 속으로 숨어버렸습니다
일그러진 몸으로 위태위태하게 살아온
운명을 벗어버리고 신화 속의 영원한 별이 되었습니다
난쟁이 행성으로 불리기보다는 차라리 이름 없는 별이 되어
영원한 생명을 얻는 전설의 별이 되었습니다

보고 싶을 때 불러 보고 싶은 별이었습니다
한여름 평상에 누워 찾아보고 싶었던 별이었습니다
이제는 아무리 찾아보아도 볼 수 없는 별이 되었습니다
그때는 그저 그렇게 묻어갔지만 오늘따라 그리워집니다
한평생 서러운 눈물이 은하수를 만들었습니다
오늘따라 그 은하수가 나의 마음을 적십니다
푸르게 웃음 짓던 그때 그 외로운 별이

다시 돌아와 우리와 함께하는 아름다운 우주를 상상합니다
끝나지 않는 터널 속으로 달리는 인간들이
사라져 간 그 별을 그리워합니다
유성처럼 살아가는 우리의 허상이
우주 끝 바깥으로 긴 꼬리를 그립니다
어둡고 긴 밤만이 흘러가고 차가운 바람만이 함께합니다

탐라도

일상의 탈출
또 다른 세계에 대한 도전
내일의 희망을 창조하는 삶의 활력소
여행의 부푼 꿈은 상상의 무지개를 그린다
아련한 미지의 세계
베일에 감춰진 신비의 섬
가슴 가득 꿈을 싣고 날으는 솜사탕 하늘길
사뿐히 뭉게구름 밟으며 그대 품에 안기노라
그리움에 떨리는 심장을 백록담 맑은 물에 적시고
한라산 치마 속 포근함이 시린 마음 달랜다
이 세상을 맑게 하는 한라산 고라니들의 눈웃음
저기 저 오름들은 허기진 아기 배를 채우는 엄마의 젖가슴
평화의 날개 되어 온 세상 감싸는 갈매기 바닷소리
진실의 어둠을 밝히는 꺼지지 않는 등대
모든 것이 새로움으로 다시 태어난다
푸른 파도 소리는 탐라국 삼별초의 몸부림
바위에 부딪히며 부서지는 포말은 짓눌린 이데올로기
구멍 난 화강암 사이로 불어오는 찬바람은 해녀들의 한숨 소리
무거운 짐을 지고 광야를 달리는 조랑말의 땀방울
바다를 채우는 이 모든 것들이 제주도의 역사이며
환상의 섬을 만드는 뿌리이리라

바다 내음이 풍겨 와 코끝을 자극하는 제주도의 향기
성산포 저녁노을이 가슴에 밀려올 때 느끼는 아늑함
산굼부리 능선 억새밭에서 영그는 꽃사슴들의 사랑
영산의 기운을 이어받은 마르형 기생 분화구
삽시간에 덮치는 산굼부리 안개는 부정한 짓에 대한
산굼부리 신이 노해 부리는 조화이리라
풍광의 초원지대는 느림의 묘미와 초록의 향기로
투박한 황홀함이여
아흔아홉 왕관이 모여 신성한 궁전을 세우고
동쪽 세상을 호령하는 성산 일출봉
오직 임금이 계신 곳만 바라보는
영모루 성읍 민속 마을의 충절이여
하늘 연못 위로 쏟아지는 천지연은
천상 선녀들이 춤을 추는구나
옥황상제 칠선녀가 밀림을 헤쳐 나와
목욕하는 천제연이여
정방폭포는 서불의 아픔을 아는지 모르는지
오늘도 바다와 입 맞추고 있구나
너무 아름다워 연인들의 가슴을 멍들게 하고
사랑하기에 이별의 아픔을 간직하게 하는 섭지코지의 전설
세상의 비밀을 고이 간직하고 있는 여러 동굴들

이국의 멋과 맛을 우리 자연 속에 묻어두는 여러 공원들
셀 수 없는 사연을 간직한 여러 명소들의 아름다운 추억들
누구나 찾아와도 반겨주는 편안한 우리들의 고향이구나
뱃고동 소리 들려오는 여유로운 제주도의 밤
비바리의 고운 민요 소리 자장가 삼아
지친 피로를 풀며 행복하게 잠자는 나그네
돌하르방과 다정히 손잡고 꿈을 꾸다가
성산 일출봉에서 내일의 태양을 맞이하노라

괜찮아

공부 안 하면 어때
수업시간 잠자면 어때
컴퓨터 오락하면 어때
그래도 살아가는 데는 문제없잖아

사랑하고 싶으면 사랑하는 거야
놀고 싶으면 노는 거야
공부하고 싶으면 공부하는 거야
산다는 것은 자기존재의 확인이잖아

사람이 사람을 구속하지 말자
미래가 현재를 지배한다면
현재는 암울한 과거에 묻힐 뿐이다
역사는 언제나 지금 만들어지는 거다

절대 자유의 생명

태양이 뜬다
물이 든 가을 햇볕이 일신 뜰에 은행잎으로 진다
오늘도 남녘 바다에선 기별이 없다
태양이 무너졌느냐
백성들의 아우성이 더 높구나
어이할꺼나 어이할꺼나
아스라이 넘어지는 태양의 넋이여
애통하도다
통곡하다 지친 몸뚱아리들이 모였구나
태양이여
일어나라
저 멀리 들려오는 태양의 혼들을 맞이해 보자
북과 장구와 꽹과리를 꺼내 다오
피멍 든 맨발로 뛰고 싶구나
태양의 피가 솟구친다
우리의 가락이 불길 되어 천지를 진동 시키는구나
이 모든 것이 영원히 꺼지지 않는 생명의 횃불로써
남게 되기를 기원하리라
팔천만 붉은 피가 살아 숨 쉬는 일신의 생명이
우리의 생명이며, 태양의 생명일진대, 어이하여
태양의 생명을 사랑하지 않으리

종이비행기

작은 종이비행기 하나가 있었습니다
파란하늘을 날면 하늘에 물들고
산 위를 날면 산에 물들고
나에게 있을 때는 나에게 물들고
너무나 순수했습니다
좋은지 나쁜지도 모르면서
쉽게 물들었습니다
어느 순간 종이비행기는
자기 색깔을 찾아 떠나버렸습니다
그리고 이제는
내가 커다란 종이비행기가 되어
그 작은 종이비행기를 찾아갑니다
순수한 나의 색깔을 찾을 때까지

후회

너무 늦게 알았습니다
모든 것이 소중하다는 걸
항상 곁에 있었기에
언제나 함께할 줄 알았습니다

너무 늦게 알았습니다
보잘것없는 것이라고
무심하다 보니
이렇게 외롭다는 것을 알았습니다

너무 늦게 알았습니다
당연히 하나임을 알았지만
떠나버린 지금은
하나가 아님을 알았습니다

너무 늦게 알았습니다
영원히 변치 않길 소원했지만
세월 앞에 변하지 않는 것이 없음을
반세기를 넘겨서야 알았습니다

너무 늦게 알았습니다
후회한들 아쉬워한들
다시 돌아오지 않는 평범한 사실들이
추억이라는 이름으로 넘어가는 것을
이제야 알았습니다

그대의 풍경이 되리라

그대가 새가 되어 하늘을 난다면
난 잔잔한 바다가 되어 그대를
바라보리라

그대가 비 오는 날
비를 맞으며 거리를 걷는다면
우산이 되어 그대를 안아주리라

그대가 지는 노을 바라보며
떨어지는 낙엽을 주울 때
그대의 책 속에 갇히리라

그대가 내리는 눈을 보고 행복해 하면
그대 어깨 위에 영원히 녹지 않는
눈이 되리라

버드나무 인생

냇가 바위틈에 뿌리를 두고
슬픈 목마름을 적시옵니다
바람에 밀려 하늘거리는 서러움
서로 엉키고 엉켜 외로움을 삼킵니다

힘없이 축 처진 버드나무 가지
받쳐 줄 수 없는 버드나무 기둥
한곳에 있어도 서로 외면할 수밖에 없는
버드나무 그림자가 쓸쓸합니다

따뜻함

마음이 따뜻하다면
슬픔을 이길 수 있습니다
마음의 따뜻함으로
슬픔을 녹일 수 있기에

마음이 따뜻하다면
아픔을 이길 수 있습니다
아픔에 따뜻한 온기를 더하면
행복이 만들어지기에

마음이 따뜻하다면
외로움을 이길 수 있습니다
마음의 따뜻함으로 감싸주면
세상에 없는 사랑이 되기에

친구

눈으로 보지 않아도
알 수 있는 것이 있습니다

마음에 항상 담고 있지만
알 수 없는 것이 있습니다

마음속 어느 알 수 없는 곳에서
행복을 주고 용기를 주는 것이 있습니다

친구라는 이름의 축복입니다

아픔이 있으면
우정이라는 이름으로 감싸주고

즐거움이 있으면
우정이라는 이름으로 함께 나눠주고

친구라는 이름의 축복입니다

토말(土末)

우주의 기운이 내려 와
세계로 뻗어 가는 이곳

한반도의 맥박 소리는
천지를 울리고

神도 놀라 눈물 흘리며
고개 숙인 미지의 걸작품

인간의 두 발로 서 있는 것이
못내 미안할 뿐이다

여름 바다

마음에 걸친 누더기
눈에 덮인 때
세상의 백팔 번뇌

벗어 버리고 싶다
씻어 버리고 싶다
잊어 버리고 싶다

시원해서 좋다
깨끗해서 좋다
편안해서 좋다

갯벌

바다의 보물 창고
어부의 영원한 고향
창조주의 최고 선물

밀려오는 바다에 몸 낮추고
밀려가는 바다에 얼굴 내미니
겸손의 깨달음이 있는 곳

밤이 되면 사랑 나누고
아침 되면 꽃을 피워
낮이면 열매 맺는 곳

경포호수의 달

님의 달이 그리워
경포호에 찾았더니
애간장만 녹이네

술잔에 시름 담아
입안 가득 채웠더니
혀끝에만 머문 달

경포호의 저 달도
이 마음 아는지 모르는지
술기운이 가득하네

정동진에서

기차 소리도 아름답고
갈매기 날갯짓도 우아하며
백사장 모래알도 빛이 나네

누구의 발자국인지
발자국 따라 걸어왔더니
정동진에 도착하였네

오는 손님 반겨 주고
가는 손님 손잡고서
아침 해와 같이 하자네

호미곶

영일만을 돌고 돌아
호미곶을 찾았더니
반겨 주는 푸른 손

손 위의 아침 해는
이미 떠나버렸고
보이는 것은 바람뿐

허전한 바람만이
갈매기 불러와
같이 놀자 하네

수승대의 밤

산이 있어 좋고
물이 있어 좋아라

같이하는 가족 있고
어둠 밝히는 별이 있으니

수승대의 밤은
무릉도원이로세

회상

우유를 보면
실컷 마시고 싶다
우유 살 돈은 있다
그런데도 우유를 마시지 못한다
우유를 받아들일 줄 모른다
우유를 먹어 본 적이 없기에
받아들일 줄 모른다
이놈의 밥통을 원망하며
이제 와서 우유를 먹어 본들
하등 이로울 것 없다
이제는 눈으로 우유를 마음껏 마신다

반쪽

세상의 반은 여
세상의 반은 남
여자도 반쪽
남자도 반쪽
반쪽끼리 만나면 온 것이 되겠지만
반쪽도 반쪽 나름이지요
넘치는 반쪽
모자라는 반쪽
제각각 반쪽이 만나 본들
역시 반쪽으로 남겠지요
제대로 온 것이 되기 위해서는
똑같은 반쪽이 만나야 되겠지요

만약에

만약에
태양이 없었다면
바람이 없었다면
물이 없었다면
자연은

만약에
욕심이 없었다면
미움이 없었다면
질투가 없었다면
고통은

만약에
사랑이 없었다면
연인이 없었다면
기쁨이 없었다면
삶은

만약이 있다면
어디서도 찾고 싶다
나의 존재가 어찌 되더라도

괴로움

가고 싶지 않은데 가야 하고
하기 싫은데 해야 한다는 사실
배고플 때 먹지 못하고
잠 올 때 잘 수 없다는 사실
가만히 있고 싶은데 일을 해야 하고
일을 해야 할 때는 일을 하지 못하고
웃고 싶을 때 웃지 못하고
울고 싶을 때 울지 못하고
보고 싶은 사람 보지 못하며
보기 싫은 사람 봐야 하는
어쩔 수 없는 기막힌 사실이 괴롭다
모든 것 묻어 두고 사색하고 있는데
과거의 회상이 떠오르면 정말 괴롭다

흑백 사진

흰 청춘 검은 세월
어설픈 몸가짐이
매끈한 세상을 향해
묵언으로 말을 한다
그때는 촌놈
이제는 바보
누런 사진 속 추억들이
당장 걸어 나올 듯
생생한 숨소리가 들려온다

공간

아무것도 없소이다
작은 흔적도 없소이다
텅 비어 있소이다

채울 것도 없소이다
과거 현재 미래도 없소이다
빈 공간만 있소이다

미소

훈훈한 마음
빙그레 웃는 얼굴
세상에서 가장 아름다운 것
보석과도 바꿀 수 없는 영원한 보물
빙그레 웃는 세상이 바로 천국이다

웃는 자에게 복이 있다
웃는 자에게 무한한 힘이 있다
미소 머금은 얼굴은
부처님의 얼굴이요
하나님의 얼굴이다

사랑은 미소에서 시작된다
행복도 미소에서 출발한다
미소 띤 얼굴은 세상에서
가장 예쁜 얼굴이다

아버지

어젯밤
당신께서 몰래 흘리셨던 눈물의 의미를
이제는 조금 알 것 같습니다
누구보다 자식을 사랑해 주시는
그러나 힘이 없어 애만 태우시는
당신의 뒷모습이 왜 그렇게 슬퍼 보였던지요
혼자라는 외로움과 마음먹은 대로 자라지 못하는
자식들을 바라보면서 눈물만을 흘리셨다는 걸
하지만 이제는 알 것 같습니다
아버지의 그 마음을
아버지의 그 눈물을
이제는 말하려 합니다
아직까지 한 번도 하지 못했던 작은 고백을
아버지 사랑합니다

그날을 기다리면서

수없이 많은 날을 견뎠습니다
수없이 많은 고통을 참았습니다
그리고 수없이 많은 아픔 또한 이겼습니다
고3이라는 이유로
대한민국의 고3이라는 이유로
대학의 합격이라는 이유로
아무도 알아주지 않는 아픔과 고통을
눈물을 삼키며 보내왔습니다
원망스런 수능과 수많은 경쟁자를 지켜보며
북받쳐 흐르는 고통을 삭였습니다
아파도 아프다는 말 한번 하지 못하고
오로지 자기 자신을 의지하며
외로운 고3 길을 지나왔습니다
언젠가 찾아올 밝은 날을 기다리면서
아직 갈 길이 멀지만
아직 힘들어도 쉴 수 없지만
그래도 고3은 포기하지 않습니다
조금만 더 조금만 더
한 걸음 한 걸음 걸어갑니다
언젠가 찾아올 밝은 날을 기다리면서

내 사랑은

내가 사랑하는 당신은
풀잎에 맺힌
아침 이슬처럼
맑고 순수합니다

내가 사랑하는 당신은
저녁 하늘 노을처럼
우아하고 아름답습니다

당신이 없는 세상은
달이 없는
밤과 같습니다

하지만
지금 내 곁에는
당신이 있어
늘 편안하고 행복합니다

구름

바람 좋은 어느 날 오후
당신은 사랑스런 뭉게구름이었습니다
마루 끝에 서서 당신을 바라봅니다
당신은 늘 좋은 벗이 됩니다
생각합니다
색이 바랜 산봉우리도
회색빛 바람 소리도
좁은 하늘도
벗겨진 푸른 꿈도 모두 잊습니다
그리고 생각합니다
당신을 생각합니다
하늘에서 똑같이 보고 있을 당신을 생각합니다
기억할지 모르겠지만
당신 얼굴만은 잊지 않겠습니다
당신을 보면 금방 생각이 나겠지요
하늘 끝에 서 있는 당신을
조용히 눈을 감습니다
따뜻합니다
연인 품에 안긴 듯합니다
당신이 부를 때까지 절대 눈을 뜨지 않을 겁니다
당신은 영원한 연인이니까요

알 수 없는 일

사랑할 수밖에 없는 그대
나는 그대에게
원망스런 마음뿐입니다
그대가 저질러 놓은
사랑 때문에

하지만 그대를 미워할 수 없습니다
떠날 수도 없습니다
그리움이라는 설레임
그 이유 하나 때문에
그대를 사랑할 수밖에 없습니다

그토록 힘들게 하는 그대를
사랑해야만 하는 내 마음을
나도 알 수가 없습니다

혼자라는 외로움

혼자입니다
누구도 함께하지 않습니다
기쁨도 슬픔도 혼자 견뎌내야 합니다

혼자라는 외로움
그건 가슴을 찌르는
아픔

사랑받길 원합니다
진실한 사랑을 원할 뿐
아무런 조건 없이 받을 수 있는
순백의 사랑

살며시 두 손을 모읍니다
따뜻한 사랑을 위해
혼자라는 외로움을
저 멀리 하늘 위로 날려버리기 위해

작은 하늘

들판에 누워
눈앞에 보이는 건
작은 하늘과 하얀 구름
이제 그 작은 하늘에서
구름 타고 벗어나려 합니다
더 크고 더 밝은 미래를 향하여

벽

많은 사람들 사이에 홀로 서 있다
아무도 모르는 사람들 사이에
눈은 뜨고 있지만
아무도 보이지 않는다
다만 벽만 보일 뿐
이제 그 벽을 하나 하나
부셔버린다

이제 세상이 보이기 시작한다
금이 간, 벽 틈 사이로
사람이 보이고
바람이 느껴진다

꿈

행복해지고 싶다
영원히
티 없이 맑고 투명한 세상을 보며
영원히 행복해지고 싶다
꿈을 꾼다
아름다운 세상을 만들기 위해

하지만 가끔
고운 세상을 바라보는
눈에 눈물이 흐른다
어지러워진 세상을 바라보며
눈물을 흘린다

영원히 꿈을 꾼다
티 없이 맑고 투명한 세상을 꿈꾸며
행복해지기를 소원하면서

그리움 Ⅱ

어릴 적 함께 뛰놀던 친구
이 세상에서 가장 사랑했던
그리운 친구들
항상 서로를 아끼며 우정을
쌓아가던 친구들

하지만 그 어릴 적 친구가
지금은 친구가 아닌 사람으로
저만치 가 있다
친구라는 단어로부터
살며시 다가왔던 그리운
친구 이야기

언젠가는 헤어질 수 있는
그리움이지만 지금 이 순간
그날의 그리움이
너무 행복하다

기다림

그대 옆에 서서
그대의 마음을 보며
그대를 영원히 기다리겠습니다

그대가
나를 알고, 나를 느낄 때까지
그대를 영원히 기다리겠습니다

아무도 없는 텅 빈 방 안에 앉아서
그대를 생각하며
그대를 영원히 기다리겠습니다

그대와 하나가 되어
텅 빈 방 안을 메울 수 있을 때
그대 방 안에 불빛을 밝히겠습니다

그대가 사랑하는 마음을
알 수 있을 때까지
느낄 수 있을 때까지
그대를 사랑하는 마음으로
그대를 영원히 기다리겠습니다

저 멀리 하늘 위에서도
그대가 모른다 해도
태양이 식어 없어질 때까지
영원히 그대를 기다릴 것입니다

당신 위해 접은 학

수많은 날 동안
지켜 왔었다
누군가를 위해
사랑해야 한다는 사실이
아픔으로 휩싸여
아픔이 허공을 맴돌 때마다
잡아주기만을 기다렸었다

곁에 오지 못한다는
사실을 알고 있었지만
시간이 흐르면 흐를수록
눈물로 시간을 보냈고
기다리는 동안
하루하루 그리움에
학을 접기 시작했습니다

세월이 흐른 지금
한 마리의 학도
존재하지 않습니다
그리워한 것이 아니고
진정으로 사랑했었기에
이미 학은 없었습니다

아름다운 영혼

어둠이 드리워진 곳에
외로이 서 있습니다
아무도 손 내밀어 주지 않는
이 어둠에 흐느끼며 젖어듭니다

이 어둠에서 벗어나게 해줄
아름다운 영혼을 기다립니다
한 가닥의 꺼져 가는 영혼의 촛불만이
내 곁에 남은 채

꺼져 가는 영혼의 촛불을
따뜻한 마음으로
되살리려 합니다

따뜻한 마음으로 촛불은
환한 불빛으로 다시 태어났습니다
세상을 환히 밝혀줄 불빛으로

아마도 영혼의 촛불은
따뜻한 마음을 원했나 봅니다

사랑을 위하여

사랑한다는 것은
사랑하는 사람을 위해
자기를 버리는 일이겠지요

사랑한다는 것은
사랑하는 사람을 기다리며
말없이 눈물을 흘리는 일이겠지요

살고 있다는 것
사랑할 수 있다는 것
과거를 아름답게 만드는 일이겠지요

사랑은 내일의 만남을
약속하는 것이며
그만큼의 행복과 기쁨도 있겠지요

사랑한다는 것은
미래를 꿈꿀 수 있으며
세상의 유일한 기쁨을 주겠지요

사랑의 단계

괜히 생각나고
괜히 보고 싶고
괜히 그에 대해 알고 싶고
괜히 관심을 가지는 것이
사랑의 초기

사랑이란 단어만
들어도 설레이고
어떤 얘기도 그대와
연관시키고
같이 있으면
떨리는 마음이
사랑의 중기

책을 봐도 그대 얼굴
지나가는 사람도 그대 얼굴
세상 모든 일이
그대 얼굴로 보이는 때
사랑의 말기

풋내음

영글지 않은 열매 향기
상큼합니다

때 묻지 않은 푸른 하늘
싱그럽습니다

서툰 짝사랑의 가슴앓이
아려옵니다

권력

날 선 바늘 침이 머리를 찌른다
셀 수 없는 핏방울

느티나무 끝자락 불나방이
젖은 가지 불태우고

배부른 돼지 가위 눌림에
두통이 저려 온다

벙어리와 귀머거리

말하지 않는다고 벙어리더냐
듣지 않는다고 귀머거리더냐
숨이 막혀 벙어리였다
기가 막혀 귀머거리였다

여유

굴곡 많은 인생의 자욱을
호수 위 새벽안개에 지우고
아침 햇살 무지개 따라
떠나가는 돛단배 인생

사는 것은 다 마찬가지
어떻게 살 것인가
삶의 끝은 모두 같은 것
하지만 인생의 길은 천차만별
달리는 마라톤 선수처럼
일등과 꼴찌는 있는 법

급하게 사는 사람
언제나 긴장하며 사는 사람
조마조마하며 사는 사람
가엾은 인생살이

넓은 바다 위의 갈매기처럼
한가로이 지내는 인생
깊은 산중에 울려 퍼지는
은은한 목탁 소리마냥 청아한 인생

낙엽

못 살 것 같은 더위도 지쳤는지 옷깃을 여미게 합니다
아침저녁으로 느껴지는 기운이 제법 가을 같습니다
산천은 겨우살이 준비가 한창입니다
거리의 가로수도 겨울 준비에 동참합니다
뒹구는 낙엽을 주워 봅니다
그런데 낙엽은 말합니다
그냥 두고 눈으로 말하라고요
거리의 낙엽이 큰 가르침을 줍니다
떨어져 뒹굴어도 좋습니다
지나가는 차바퀴에 끼여도 좋습니다
한 점의 억울함도 갖지 않습니다
그저 자연으로 돌아가 썩기를 바랍니다
힘겨운 더위도 참아 냈고
치열한 열매 만들기도 넘어서며
제 몸을 태워 홍조 띤 단풍을 만들었습니다
그렇게 오늘을 보내고 내일을 만들어 갔습니다
자기 할 일 다 하며 자연으로 돌아가는 모습이 위대합니다
장엄한 낙엽을 보면서 알게 되었습니다
세상 가르침 중에 으뜸을 보았습니다
사는 것이 먼 세상 이야기가 아니라
바로 내 옆에 있는 낙엽과 같은 것이라고

알겠습니다
당신의 모습대로 살아가겠습니다
그렇게 하겠습니다

설레임

맑은 공기 마음껏 마시는 세상이 설레입니다
붉은 홍시를 보니 설레입니다
내일을 볼 수 있기 때문입니다
땅을 딛고 걸을 수 있고
찬란한 햇살을 느낄 수 있고
따뜻한 밥 한 술 입에 넣으니 설레입니다
설레임이 있어야 내일의 깃발을 펄럭일 수 있습니다
설레임으로 내일의 주인이 될 수 있습니다
설레임이 있기에 행복이 있는 것입니다
오늘도 설레임으로 살아갑니다

웃음 빌려 줍니다

웃을 일이 없다면 기어코 웃음을 빌리자
그래야 한 번이라도 웃을 수 있다
감나무 홍시인들 떨어지고 싶을까
아가리 벌리고 있다고 내 입으로 들어오지 않는다
최소한 감나무를 흔들기라도 해야 한다
웃지 못해 불행한 군상들이 어디 한둘인가
모두가 웬수 지간이 아니라면 웃음만이라도 차용하자
감나무 홍시를 빌려서라도 홍시 맛을 가진다면
이만한 행복을 어디서 보장받을까
사는 경험들이 전부는 아니다
삭막한 삶보다는 보이지 않는 즐거운 삶들이
더 많을 것이다
만나서 즐거운 웃음을 미리 만드는 자만이
웃음의 보따리를 빌려 갈 수 있다
그리고 웃을 수 있다
온 세상이 행복해진다

비상하는 봉황이 되소서

대한의 자랑스러운 금수강산
어머니 품속 같은 이 땅에서 우리는 태어났다
바다를 가슴에 안고 세계를 향해 웅비하자
저 푸른 물결 헤치며 오대양 육대주로 뻗어 가자
번영의 새 역사 인류의 평화를 우리가 다시 쓰자
희망과 꿈을 이 땅 위에서 붉은 피로 불태우자
세계를 감동시키는 대한의 자손임을 자랑스럽게 생각하자

세상을 등지는 도망자가 되지 말자
온몸으로 부딪혀 망망대해의 파도를 뚫고 나가자
아픔이 크다고 외면하며 도망치면 새로울 수 없다
고통에서 용기의 실을 뽑아내는 삶이 위대하다
포기하지 않는 길에서 날개를 달자
움츠린 가슴에 피 끓는 청춘을 가득 담아 보자
넓은 가슴에 담은 것만큼 꿈은 이루어진다
지금 힘들다고 고민하지 말자
힘이 들수록 정상은 가까이에 있다

어김없이 시작되는 멈추지 않는 삶의 시계
욕망에 순응하지 말고 욕망의 찌꺼기마저 타협하지 말자
시간의 긴 그림자들은 지나온 흔적들에게 말한다

당신의 고독과 에너지를 죽도록 사랑했노라고
다시 길 위에서 내가 가야 하는 길을 묻는다
지금 당신의 슬픔에 갇혀 당신의 시간을 잠재우고 있지 않은가

그동안 움츠린 이유가 있었다
생채기의 아픔을 이겨내고
마음속에 아직 포기하지 못한 것을 찾지 못한 것
어디서부터 사랑과 열정이 시작되는지 모른다
세상의 빛을 가슴에 품고 모두를 사랑하자
산과 바다가 내어준 넉넉한 품을 잊지 말자
텅 비었음의 넉넉함을 잊지 말자
끝없이 비상하는 한 마리 봉황이 되어
천 년의 전설을 이 땅에서 엮어 보자

삶

두둥실 떠나가네
바람 따라 흘러가네

뱃사공 노랫소리
우울하게 들려오네

삐거덕 빈 돛단배
장단 맞춰 춤을 추네

노을빛 배경 삼아
한잔 술로 웃음 짓네

사랑의 묘약

사랑의 힘
사랑의 전설
사랑의 환상곡

사랑을 논하는 것은
사랑을 모르는 것
왜냐하면 사랑은 사랑일 뿐

사랑의 묘약은
시작과 결과만이 존재하는 것

봄동

봄기운 동동
봄바람 동동동

매서운 바람 그대로
시린 뼈마디 그대로

나른한 입맛
아삭하게 깨우는 봄동

봄

땅은 물을 머금고
나무는 땅의 물을 길어 올린다
사람은 봄볕을 먹고
새들은 봄바람을 먹는다
새벽바람은 차지만
봄 찾아 나서는 나그네의 마음은
여전히 따사롭다

잠이 덜 깬 얼굴로 길을 나선다
새벽녘이라 초승달은 나뭇가지에 걸쳐 있다
봄은 지척인데 나무는 아직도 헐벗었다
물을 머금은 대지는
봄 냄새가 풀풀 난다

#, b

약간의 차이가 세상을 바꾸듯이
반음으로 노래는 달라진다
알 듯 모를 듯한 차이지만
결국은 천지 차이이다

세상을 알아가는 이치도
정음正音이 아니라, 반음半音을 찾는 것
작은 반음이 있기에 큰 정음이 있고
반음과 정음이 어울릴 때 화음이 된다

정음으로 춤추는 세상
세상만사가 정음으로 노래하니
세상 사는 즐거움이
딱 반음만큼 부족하다

항아리

하늘 향해 입 벌린 모양새가
너무 애처로워 이슬비 내리네

항아리 뱃속은 아직도 비어 있고
내리는 이슬비는 사라졌네

항아리 배를 채운 것은
이슬비가 아니라 없은 항아리

2부

靈眼

길

어머니께서 날 낳으실 제 주신 길 위에서 숨 쉰다
빠르지 않은 발걸음으로 한 발 한 발 내딛는다
쭈우욱 뻗은 길이 아니라 둘러 둘러 가야 하는 길이다
발자국 소리를 머리카락 안테나로 저 멀리 보내는 길이다
어머니께서 만들어 주신 길은 저 멀리 앞이 보이지 않는다
얼씨구 절씨구 노래 흥얼거리며 휘어진 어머니 등 같은
길을 걸어갈 뿐이다
구름과 바람이 비켜가는 낯선 이방인의 외로움이 넘치는 길이다
한낱 외로움일지라도 그 외로움은 사치에 불과하다
외로움이 그리움으로 그리움이 편안함으로 이어질 때
참다운 어머니의 길을 알게 되리라
분명 어머니 품속 같은 안식처이기에 조금 더 조금 더
천천히 걸어간다
토끼와 거북이가 경주하는 길이 아니다
외로운 지렁이 한 마리가 나뒹굴며
지그재그로 굴러가는 길이다
언제인지 모르지만 지렁이가 보이지 않을 때
지렁이를 찾아 또 그 길을 걸어갈 것이다

봄맞이

늘 맞이하는 봄이지만 그때의 봄이 아니다
새롭게 시작하는 늘 새봄이다

입을 가지고도 말 못하는 새봄이기에
냉가슴 앓으며 여기 저기 기웃거린다

기도하는 정화수 맑은 물 위에
매화 한 잎 춤추고 님의 향기 넘실거린다

붕어빵

따뜻한 기운이 손끝에 전해오니
살아있는 붕어임이 분명하다
한 모금 입김으로 생명의 기운이
온몸으로 파고든다
아무 생각 없이 허기진 배를 채우기 위해
붕어빵을 먹어 치우지만 붕어빵에게 고마워하지 않는다
어쩌면 값싼 싸구려 길거리 군것질로 치부해 버린다
보잘것없는 붕어빵도 생명이 있고 사랑이 있다
붕어빵보다 위대하다고 생각하는 것들은
한 모금의 따뜻한 기운마저 타인에게 전해주지 않는다
굶주린 창자 하나 채워주지 못한다
마음 끝에 조그마한 사랑도 갖지 못한 것들이
따뜻한 사랑을 가진 새 생명의 붕어빵을 업신여긴다
붕어빵보다도 못한 존재들이 넘쳐나는 이 세상이
웃기는 코미디 같은 세상

팽이 돌리는 아이

도는 팽이는 언젠가는 멈춘다
돌지 않는 팽이는 팽이가 아니다
도는 팽이는 쉬지 않는 채찍질이 필요하다
그걸 누가 해야 하나요
어차피 스스로 해야 한다
아니면 옆에서 칠 수 있도록 도와줘야 한다
절대로 대신 쳐 줘서는 안 된다
도는 팽이는 치는 사람이 주인이 되기 때문이다
자신만의 팽이가 뭔지 모르고 스스로 치는 법도 모르는
우리 아이들을 보면 눈물이 난다
팽이를 스스로 채찍질할 때 자신의 삶이 건강하리라
무엇을 하든 스스로 팽이를 돌려야 한다
어쩌다 사회의 욕망으로 팽이채를 잡고 다른 팽이를 돌려온
대다수의 우리 아이들
아니면 관리의 울타리에 갇혀 팽이채조차 잡지 못한
멈춰 선 팽이들
자신의 팽이채를 잡고 신나게 자신의 팽이를 돌리는 그날을 위해
오늘도 신나게 팽이를 만든다

집어등(集魚燈)

심해의 오징어는 오징어잡이 배에 달린
집어등의 유혹에서 벗어나지 못한다
화려한 불빛은 목숨을 바쳐서라도
도달하고 싶어 한다
치명적 유혹을 안고 살아가는 우리는
오징어의 운명을 되풀이한다

프레임

나만의 프레임에 묶어버린다
모두 비슷할 것이라 믿어버리는 프레임
그 어떤 프레임도 같을 수 없다
생각의 틀이 제각각이다
다양한 프레임을 통해 세상을 본다면
무지갯빛 세상이 된다
감추어진 프레임을 찾는 즐거움도
솔솔한 재미이다

마음이 가벼워질 때

당신은 한 송이 꽃
나는 투명한 이슬
어떤 형상도 가지지 않는
무상의 영혼이 깃든 자리
나는 당신을 통해
세상과 소통합니다

당신은 그리움의 향기
내가 찾고 싶을 때
저만치서 불어오는 바람소리
어떤 마음도 가질 수 없는
그릴 수 없는 향기에 취해
세상을 환하게 비춥니다

진리

태양의 불빛은 멈춘 적이 없다
태양은 결코 지지 않았다
태양은 그때 그 자리에 있을 뿐이다

하지만 늘 어둠이 있고 밝음이 있다
일몰의 장엄함도 황홀하다
일출의 웅장함도 신비롭다

그림자에 묻힌 불빛들을
감은 눈으로 볼 수 없다
눈의 장막을 거둘 때 보인다

꿈 II

흰 것을 검다고 아무리 우겨 봐도
흰 것은 희고 검은 것은 검다

흐르는 물을 막아 보지만
강물은 흐르고 세월도 흐른다

세상 모든 것들이 사라져 가도
꿈은 살아서 나에게 속삭인다

세상 사람들이 다 죽었다고 해도
꿈은 결코 죽지 않는다

달

텅 빈 세상 텅 빈 공간
아무것도 채우고 싶지 않다

텅 빈 평원 위에
텅 빈 지평선이 지나간다

바람 한 점 없는 푸른 세계
언제나 나를 감동시킨다

달 보고 짖는 개

저 달이 뜬다
달이 춤을 춘다
달이 노래 부른다
달이 운다
달 보던 개도 짖는다

네오 러다이트

문명을 거부하는 그들은 누구
밀레니엄 낙오자
컴퓨터가 두려운 그들은 누구
투명 세상으로 가는 투명 인간
세상 물정에 저항하는 그들은 누구
끝끝내 외면당하는 허수아비
차라리 모르고 살고 싶다

세상을 잡지 않아도
부와 명예를 가질 수 없어도
소신파로 살아가는
그들을 향해 만세 부른다
네오 러다이트

우울한 날에

처마 밑 토닥토닥 소리에
울타리 너머 우산 속 가을은
옷깃을 세우며 발길을 돌린다
내 마음도 가을 발자국 따라간다
우산에 비춰진 가을 그림자의 세상
남의 이목에 목숨을 거는 세상
언제나 외로운 건 운명을 거는 인간
샤프심만 한 틈도 없이
모든 것을 거는 이상한 존재
앞만 보고 살아간다
주위엔 불구대천의 웬수가 깔린 것처럼
눈에 독기를 품고 냅다 달린다
어디 나사 하나 풀린 것을 용서하지 않는다
모든 나사가 완벽하게 죄였다고 자부하는 만큼
자신의 영혼을 그만큼 죄어 오는 줄 모른다
자연은 해거리를 한다
나도 해거리를 해야 함을 알았다
자연처럼 한 해를 놓을 수 있다면 축복일 거다
아니면 마음 한켠을 해거리용으로 비워두자
혼자 있을 때 그곳에서 영혼을 달래자
나의 일그러진 모습을 추스르지 않겠는가

오늘 내리는 가을비에게 묻는다
나는 지금 지친 영혼을 위해
마음의 한쪽을 비워두고 있는가를

내 목소리

내 목소리로 말을 하지만
내 목소리가 아니다
내 목소리가 아니라면
진짜 내 목소리는 어디에 있을까
그 목소리를 듣고 싶다

내가 듣는 내 목소리와
그들이 듣는 내 목소리가 다르다면
진짜 내 목소리는 어디에 있을까
그들이 들은 내 목소리는
허공의 바람 소리이겠지

밖으로 빠져나간 거짓 목소리에
진짜 내 목소리는 묻히고
내 몸 안 진실의 울림이
바위가 된다면 눈물도 부끄럽다

참다운 나의 목소리를
절절히 듣고 싶다
외마디 괴성이라도
진짜 내 목소리를 듣고 싶다

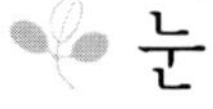

눈

눈이 온다
내 마음 위에 내려앉는다

숲에 앉으면 숲이 된다
갈대밭 웅덩이에 앉으면 호수가 된다
벌거벗은 나무와 함께하면 이내 꽃이 된다
눈 내리는 순간 이미 눈은 눈이 아니다
들판으로 발길 돌리니 보석빛 세상이다
내 마음도 이미 보석이 되었다

동행

앞장서서 가지 마오
따라가기 싫다오

따라오지 마오
앞장서기 싫다오

옆에 서서 같이 가고 싶다오

산다는 것

산다는 것은
기적적으로 사는 것과
기적 없이 사는 것이다

억새풀

누렇게 말랐다
죽었는가 보다

쓰러지지 않았다
죽지 않았다

새끼 억새가 바람에 버틸 때
그때서야 넘어졌다

존재

흰 구름이면 어떻고
먹구름이면 어떠하리
구름 걷히면 청산인 것을

옳거니 그르거니 누구도 몰라
산이건 물이건 그대로인 것을

저쪽이 극락이면 어떠하리
이쪽도 극락인 것을

우물 속 둥근 달
물통으로 담아 간들
우물 속 둥근 달은
옛 그대로인 것을

인생

살만한 인생
인생은 재미있다
행복한 인생
자기 옆에 있다

두려워하지 말고
슬퍼하지도 말자
참고 지내면 재미있다
행복은 언덕 너머에서 기다린다

자화상

이전으로 돌아가자
태초의 속살로 녹아들자
흔적의 끝을 찾아가자

저기 열차가 지나간다
열차는 멈추지 않는다
앞만 보고 달린다

필사적으로 달린다
아름다운 부분을 놓친다
인간 자화상이다

느림

오솔길은 느리다
가을 햇살도 느리다
풍뎅이도 느리다

본래의 온전함은 느리다
바람과 구름과 하늘은 온전하다
자연은 느림이다

신은 말이 없다
기다림이다
느리게 살아야 신과 소통한다

어처구니

찢어지는 하늘
솟구치는 강물
무너지는 산
숨이 멈춘다

공포스럽다
모든 것이 땅속으로 사라진다
진리가 아니라도 상식이 아니라도
빛이 멈추지 않길 바란다

어처구니없는 맷돌
어찌할 바를 모를 때가 있다
하도 어이없고 기가 막혀 앞이 막막할 때가 있다
어처구니없다

사랑

가슴이 촉촉하네요
눈을 감았습니다
마음이 즐겁네요

춤추는 세상
수줍은 몸짓이
세상을 웃게 하네요

구름도 넘실대고

눈빛을 주고받았지요
수줍은 눈망울이
하늘 너머로 숨네요

그리움의 물줄기
마음이 마르니
새벽 비가 오네요

공수래공수거

강물을 버리니
바다가 되네요

꽃을 버리니
열매가 되네요

구름을 버리니
비가 오네요

청춘 자화상

그래, 아프니까 청춘이지
꿈을 꾸며 살자
피하지 말고 도전하자
태양처럼 뜨겁게
우주처럼 넓게
눈부신 청춘을 위하여

결국에는
흙탕물이 되고
땀에 찌들고
힘들어 죽겠네요

언제 한 번 청춘이었던가

불가능

동전 하나에
함박웃음 지을 수 있으리

땀내 나는 손수건으로
얼굴 가릴 수 있으리

반쯤 익은 라면을
맛있게 먹을 수 있으리

이제 됐어

지금 행복하고 싶다
지금도 괜찮고 싶다
다음에도 괜찮고 싶다

지나고 나면 괜찮다
지금은 좀 참아라
그러면 나중에 좋아진다

어쩔 수 없다
자유롭게 살아야겠다
안 가르쳐 주는 것을 해야겠다

달팽이

나는 항상 느리다
사람보다 아주 느리다

이상하다
사람들은 쉬지 않고 달린다

나는 항상 웃는다
사람들은 늘 심각하다

역설

지나갔던 길인데
돌아오니 새롭다

함께 가지 말고
먼저 가라고 한다

일찍 피는 꽃보다
늦게 피는 꽃이 좋다

일엽편주(一葉片舟)

조그마한 배 한 척
잔잔한 바다 위를 나가며
홀로 바다에 묻힌다

한 줌의 바람도 싣지 못한 채
갈매기 날갯짓에 기우뚱
가물가물 작은 점 하나

끝없는 바다 품에 안기어
드디어
바다가 되었다

무소유

여기저기서 살랑살랑
분명히 부는 바람

잡히지도 않고
보이지도 않고
머물지도 않네

있는 것이 없는 것인지
없는 것이 있는 것인지

희망

가슴 터질 듯 울분이 덮쳐 와도
기가 막힐 듯 억울하여도
침묵하세요

세상이 짓누르고
혼돈의 언덕이 눈을 가리고
찬 서리가 뼛속에 내릴 때도
기를 쓰고 버티세요

설국화의 차가운 서릿발도
깨진 아스팔트 사이에 핀 질경이도
아직 말이 없습니다

드러나는 현상보다
보이지 않는 힘이
세상을 바꿉니다

물길

있는 힘 없는 힘 억지로 쥐어짜지 말고
그저 가고 싶은 곳 기억하면서
인생이라는 물길에 맡겨 봅시다
그곳에 데려다 줄 때까지 편안한 마음으로
묵묵히 물길 따라 흘러갑시다
가다 보면 다른 곳으로 가거들랑
이 길이 나의 길일 수도 있음을 느껴 봅시다
바동대며 억지로 가는 길보다는
우리가 가야 하는 그곳에 어쩌면
수월하고 편안히 갈 수 있을 것입니다
물 흐르는 대로 따라가다 보면
다른 경치도 즐길 행운도 있습니다
전혀 다른 방향으로 흐른다면
흔쾌히 다른 목적지로 변경할 줄 알아야 합니다
쉴 줄도 알아야 합니다

참새의 하루

앉았다 날았다
쉬지 않는 날갯짓
머물지 않는 바람

와도 그만
가도 그만
떠나가는 흰 구름

정답게 마주하는
두 마음에
스며드는 세월의 눈물

눈 Ⅱ

매서운 바람이 세상을 덮으면
산들은 깨끗한 흰옷을 걸친다
눈 속의 기운을 느끼고 싶다
걸쳐 입은 나의 옷을 던져버린다
차가움만 나를 덮어버린다

인간이란

부정하고 싶지만 부정할 수 없는 존재
안락하려 하지만 안락할 수 없는 존재
자신만의 유토피아를 찾고 싶어 하는 존재
끝없는 희비극을 창조하며 사는 존재
자신이 창조한 창조물들에게 허리를 굽히는 존재
그리워하지만 증오하는 존재
약하지만 똑똑한 존재
똑똑하지만 멍청한 존재
능력 있지만 그 능력을 감당해 낼 수 없는 존재
나비의 한 날갯짓에도 쉬이 무너지고 마는 존재
인간이란 결코 한마디로 정의할 수 없는 존재
언제나 살아 움직이는 알 수 없는 존재

다 같이 웃자

불확실의 삶은 스스로를 힘들게 하고
비록 추위에 떨지만 나눔의 공유는
사랑과 신뢰 밭에 풍성한 열매로 익어 간다

큰소리의 인생을 보라!
어디 가나 이슈는 만들어도 결국은
뻔으로 끝난다

소리치는 주장들의 처참한 내전은
무수한 쌍갈래 길이 생겨나고
가뭄 속 갈라진 논밭을 만든다

맹렬한 공격으로 부족을 감추려 하나
숨겨진 검은 그림자 얼굴을 내밀며
열광의 끝 시간은 결국 다가온다

뚜렷한 이슈는 앞서 가지만
역사의 주인은 끝내
소리 없는 자가 아니던가

존엄이 기본 되고 도덕이 일상 되며
상식이 기초 되고 내일이 행복할 때
웃음의 리더가 되자

쇠퇴만 쳐다보고 핏대로 소리치는
그 무차별 외고집을 사망시키고
웃음을 강물같이 흐르게 하자

돋아나는 새싹처럼 쏟아지는 햇살 되어
이제 그 논쟁을 걷어차고 어절씨구 얼싸안고
다 같이 웃어내자

공감

저 하늘 흰 구름이 회색빛으로
뭉게거리더니 저리 큰 소리로
우는 이유가 무엇인가

무너지는 하늘 피한 지 엊그제인데
울며 오는 저 구름 보니
나도 따라 눈물이 난다

저 하늘 구름은
시간이 스쳐 아쉬워 울고
나도 같이 우는 친구가 되었다

왔다가 흩어지는 저 하늘 구름아
온 세상이 적셔지는 그날까지
너도 나도 얼싸안고 소리 내어 울어보자

세월

웃음꽃 축제 들뜬 기분이
아직도 가라앉지 않았는데
바스락 소리에 화들짝 놀란다

시들어 가는 한 송이 꽃을 보고 울고
그 진통 혼자 다 겪었다며
하염없이 운다

늦여름 느티나무 마른 햇살 아래
마지막 허물을 벗으며
매미는 밤낮없이 운다

곡선

강물은 굽이굽이 흘러
곡선을 그린다

계곡 능선 허리들은
부드러운 곡선이다

세상만사 모든 것은
곡선만이 전부이다

어항

금붕어가 죽었다
짧은 삶이었다
자신보다는
인간을 위해 살았다
행복했던 시간과
그렇지 못한 시간과의 차이만큼
긴 사연을 남기고 떠났다
어항 속에 그려진 그림은
얽히고설키어 해석이 곤란하다
오로지 금붕어만 알 뿐이다
좁은 어항 속 세계가
넓은 바깥세상과 너무 닮았다

비나리

비나이다 비나이다
봄이 되면 꽃이 피게 하시고
밤이 되면 잠이 들게 하소서

비나이다 비나이다
좋으면 사랑하게 하시고
싫으면 미워하게 하소서

비나이다 비나이다
어둠보다 밝음을 많게 하시고
오늘의 태양에게 감사하게 하소서

비나이다 비나이다
세상 욕심에 눈멀지 않게 하시고
지금의 배부름에 만족하게 하소서

비나이다 비나이다
별처럼 외롭고 달처럼 서러운 우리 민족에게
하나 되어 영원토록 행복하게 하소서

비움의 비나리로 다시 태어나게 하소서

다른 세상

나보다는 너를 먼저 생각하고
나를 위해 너를 높이고
너를 위해 나를 낮춘다
너를 지키기 위해 나를 깨뜨린다

분별심

무엇이 희고 검은지
어떤 것이 곧고 휘었는지
도대체 헷갈리네
속 시원히 나누고 싶다
하지만 나누어지지 않는다
세상살이는 둘이 아닌가 보다
하나임이 분명한가 보다

참선

한여름 밤의 치열한 전쟁
의심 덩어리 화두와의 처절한 싸움
이분법적 분별심의 역공에 높아지는 죽비소리
나를 버리지 못한 도량의 가시밭길
질곡의 언덕을 넘어 나를 만나면
또 다른 참선의 세계가 시작된다

토끼와 거북이

토끼는 빠르다
거북이는 느리다

빠른 것은 토끼이다
느린 것은 거북이이다

달리기 경주에서
토끼는 이기고 거북이는 진다

그런데
우리가 알고 있는 결과는…

나는 밖이다

순종은 순종을 낳고
잡종은 잡종을 낳는다

순종은 잡종을 인정하지 않는다
그들의 순결성을 버리지 않는다

잡종은 잡종으로 이어지는 긴 행렬에서
어느 하나만을 고집하지 않는다

안으로 들어온 순종들은
언제나 잡종들을 밖으로 밀어낸다

줄을 서시오

목숨을 지키기 위해
알아서 줄을 서시오

단단한 동아줄이든
썩은 새끼줄이든

떨어져 죽을지언정
줄을 서시오

당신이 잡은 줄이
동아줄이 되길 기도하면서

선택

행복은 먼저 고난으로 쳐들어오고
불행은 달콤함이 먼저 방문을 하나니
진정한 행복은 무엇이고
진정한 불행은 무엇인가?
진짜와 가짜를 나눌 수 없는 오묘함이여

행복을 잡을 것인가?
불행을 잡을 것인가?
어차피 세상사는 선택이 아니던가?

공(空)

또 시건방을 떨었지요
이놈의 몹쓸 병
아! 부끄럽네요
죄송스럽네요
건방진 모든 것이 내 것이 아님을
이제야 압니다
나를
모든 것을
모든 이들에게 되돌립니다

어젯밤에

공주님은 별나라에서
용감한 왕자님을 만났지요
왕자님의 달콤한 속삭임에
행복의 나라로 날아갔지요

영원한 행복을 꿈꾸었지요
세상만사 모두 잊고
행복만을 간직하며
별나라에 살았지요

문득 아침에 눈을 뜨니
대지를 적시는 비가
촉촉이 내리고 있었지요

하늘 문

텅 빈 하늘 보며
저 너머 세상을 그린다
문턱을 넘어 달리고 싶다
문을 활짝 열고 싶다

창공의 파랑새 되어
하늘 문을 찾았지만
태곳적부터
하늘이 문이었다

닫힌 적 없는 하늘 문
열린 적 없는 하늘 문
세상이 열릴 때
열려 있음을 알았다

열리고 닫힘이 다르지 않은 문
열 필요도 없고
닫을 필요도 없다
어리석은 인간만이
하늘 문을 열고 닫을 뿐이다

둥근 세상

태양도 둥글고
지구도 둥글고
달도 둥글다

온 세상이 둥그니
마음도 둥글고 싶고
삶도 둥글고 싶다

모나면 거칠고
각지면 날카로워
상처만이 남는다

동백

무언의 표상
인고의 화려함이여

세상 시름 받쳐 들고
낮은 땅속 향기여

북풍한설 속에 피어난
하나뿐인 전설이여

고뇌하는 지식인

하늘이 어둡다
태양이 묻혔다
비가 온다
태양은 어떻게 되었을까?

까마귀 세상

까악, 까악, 까악
퉤, 퉤, 퉤
검은 까마귀 우짖고
흰 까마귀도 우짖네
큰 까마귀 날아오니
작은 까마귀도 날아드네
암까마귀 퍼득 하니
수까마귀 부아리네

힘센 놈도 약한 놈도
잘난 놈도 못난 놈도
착한 놈도 못된 놈도
우는 놈도 웃는 놈도
까마귀는 역시
까마귀일 뿐이네

싹

땅속 어둠이 얼마나 무서울까?
두꺼운 어둠의 껍질을
깨뜨리기는 얼마나 힘이 들까?
세상을 향해 두 손 뻗칠 때
천지는 숨죽였다
아침 이슬 머금은 속살은 요염하였다
양귀비도 놀라 저 멀리 돌아섰다
터질 듯 말 듯한 설레임에
새색시 오금이 저렸다

살판나는 세상

개판
욕판
술판
노름판
싸움판
먹자판
난장판
정치판
이판사판도 있다
인생은 삼세판
살판나는 세상이 그립다

외로운 섬(獨島)

풍파의 시달림과 벌레들의 노략질을 이겨내는
끈질긴 생명력이여
시끄러운 파도소리 밑에서 서럽게 피는 꽃이여
모진 인생 살아가는 우리네 삶이랑
어쩌면 그렇게 닮았나요

진딧물 흡착이 뼈를 깎는 아픔일지라도
저 먼 곳에서 굴러 온 파도에 온몸이 시릴지라도
고귀한 생명은 영원하리라
경이롭습니다
쓰라린 몸 흔들림 없이 우아한 자태를 간직하네요

당신의 몸짓에 검은 파도가 흰 파도가 되고
벌레들의 장난도 당신의 미소에 웃음이 되고
당신의 맑은 손길에 더러운 마음을 씻어주네요

꿋꿋하게 자신을 지키는 강인함이여
희망이라는 꽃향기를 뿌리는 존경의 꽃이여
태초에 대한의 숨소리가 시작된 심장이여
내일 또 내일에도 대한의 밝은 섬 눈동자여
동쪽 바다 그 자리에서 영원히 살아가리라